AF245774

I 27
n
23808

VIE DE MGR BERNEUX

DÉCLARATION DE L'AUTEUR

En exécution des prescriptions du Pape Urbain VIII, nous déclarons que dans la dénomination de *saint* ou de *vénérable*, appliquée à Mgr Berneux, dans tout le cours du récit de sa vie, et aux autres martyrs de la Corée, nous n'entendons en aucune manière prévenir le jugement de la sainte Église romaine, à laquelle nous voulons demeurer soumis jusqu'à la mort.

Imprimatur :

Cenomani, die 1ᵃ octobris 1867.

H. CHEVEREAU, VIC. GÉN.

VIE

DE

MGR BERNEUX

ÉVÊQUE DE CAPSE

MISSIONNAIRE MANCEAU

Mort martyr en Corée, le 8 mars 1866

SUIVIE DU

MANDEMENT DE MONSEIGNEUR L'ÉVÊQUE DU MANS

S. N. D. B.

LE MANS

LEGUICHEUX-GALLIENNE

LIBRAIRE-ÉDITEUR

1867

Le Mans. — Typ. Ed. Monnoyer. — Oct. 1867.

VIE

DE

MGR S.-F. BERNEUX

CHAPITRE Ier.

Depuis la naissance du missionnaire jusqu'à son
départ du séminaire des Missions étrangères.

Il y a quelques années, un illustre écrivain
français disait en parlant de la Corée : « Rien
dans toutes les annales des missions ne res-
semble autant à un martyrologe que les pages
de l'histoire de l'Église en Corée ; elles sont
toutes tracées avec le sang. Chaque date rappelle
une persécution, chaque détail peint une scène
de tortures, un cachot ou une exécution. » Parmi
les époques qui amenèrent des persécutions,
celle du 8 mars aura dans tous les cœurs, et
surtout dans les nôtres, une place mémorable

entre toutes. C'est en ce temps, en effet, que le vénérable et saint évêque, notre compatriote, versa avec son coadjuteur et huit de ses prêtres son sang pour la foi.

Que du haut du ciel où il règne parmi les martyrs il daigne recevoir notre modeste travail et nous bénir !

Vous, ô Marie, qu'il a tant aimée, pour qui il avait une si grande dévotion, assistez-nous et ne permettez pas que notre plume écrive rien qui soit indigne d'une si glorieuse mémoire. Reine des martyrs, priez pour nous!

Mgr Siméon-François BERNEUX, martyrisé en Corée, le 8 mars 1866, naquit à Château-du-Loir, le 14 mai 1814, de Siméon Berneux et de Hélène Fossé. Présenté au baptême par François Tourteau et Marie Taveau, il fut baptisé par M. Pichard, alors vicaire à Château-du-Loir. Il ne laissa pas long-temps infructueuses les grâces qu'il avait reçues dans ce divin sacrement. Tout jeune, en effet, il se faisait déjà remarquer parmi les enfants de son âge par une douce piété. « Quand je suis arrivé « à Château-du-Loir, il y a quarante-trois ans, « écrit le vénérable curé de Couptrain, son pre- « mier maître, je trouvai un petit enfant de huit « ans, d'une famille assez pauvre, mais hon- « nête, en qui je remarquai déjà d'excellentes

« dispositions. Son air modeste et candide
« dénotait en lui une grande pureté d'âme.
« J'en fis un enfant de chœur bien sage et le
« modèle des autres. Bientôt il manifesta le dé-
« sir d'étudier pour être prêtre, je lui donnai
« quelques leçons ; mais obligé d'interrompre
« faute de temps à lui consacrer, je le mis au
« collége de Château-du-Loir où il se distingua
« entre tous par la régularité de sa conduite et
« ses succès. Au catéchisme il était le modèle de
« tous les enfants, de telle sorte que je lui de-
« mandais la leçon tandis que je m'occupais de
« l'expliquer et de surveiller les autres. »

Il fit la quatrième au collége du Mans, et
pour éviter les dangers que courent les jeunes
gens hors du petit séminaire, il entra à Précigné en troisième. Dans ce pieux asile il
continua à servir de modèle aux autres, et
l'on n'eut jamais de reproches à lui adresser.
Aussi avec quel bonheur vit-il arriver l'époque
de son entrée au grand séminaire. Son âme,
tendant à une plus grande perfection, avait
hâte de se tenir plus séparée du monde. Là au
moins il pourrait prier davantage, avoir de plus
fréquents entretiens avec Dieu et enfin donner
un libre cours à ses exercices de piété. Séminariste exemplaire, doux, aimable envers tous,
travailleur infatigable, il fit bientôt présager

qu'il ne serait pas un prêtre ordinaire. Il reçut la tonsure le 4 novembre 1832 dans la chapelle épiscopale, des mains de Mgr Carron.

Cependant l'excès du travail avait épuisé ses forces ; pour les refaire, ses supérieurs lui procurèrent un préceptorat dans l'excellente famille de la Bouillerie. Fortifié par les soins qu'il y reçut, il rentra ensuite au grand séminaire pour achever ses études théologiques. A mesure que le temps s'avançait, que ses obligations devenaient plus importantes, ses efforts et sa piété augmentaient. Les saints ordres lui furent conférés par Mgr Bouvier pour qui notre saint eut toujours le respect le plus filial. C'est ainsi que nous le voyons passer acolyte le 19 décembre 1835, sous-diacre le 28 mai 1836, diacre le 24 septembre même année, et enfin prêtre le 20 mai 1837.

Mgr Carron étant mort, Mgr Bouvier, supérieur au séminaire, l'avait remplacé. Juste appréciateur de la science et de la vertu, le vénérable évêque avait compris que le séminariste dont la vie avait été si édifiante pourrait avantageusement former les lévites aux vertus sacerdotales : il le nomma répétiteur, puis professeur de philosophie. Là M. Berneux fut aussi aimé et vénéré de ses élèves qu'il l'était naguère de ses condisciples.

Cette âme vraiment sacerdotale, si belle aux yeux de Dieu, avait conçu un pieux et énergique dessein. Se consacrer aux missions, courir sur une plage infidèle à la conquête des âmes : telle était la tâche qu'avec la grâce de Dieu il espérait remplir. Au récit d'une persécution son âme tressaillait, et déjà il aurait voulu remplir le vide que faisaient chaque année, dans la milice sacerdotale de l'extrême Orient, les disciples de Confucius et de Boudha. Le moment n'allait pas se faire attendre, Dieu avait parlé à son cœur, et malgré les luttes qu'il eut à soutenir, luttes du côté de sa famille, de sa mère surtout qu'il aimait tant et dont il était tant aimé, luttes du côté de ses supérieurs qui le trouvaient trop faible pour embrasser la vie dure du missionnaire, rien ne put l'ébranler. Il avait compris, lui dont l'âme était embrasée de l'amour divin, les paroles de Notre-Seigneur à ses disciples : *Ite et docete : Allez et enseignez.* Aussi, sur les instances du vénérable curé de Couptrain, Mgr Bouvier consentit à le laisser partir.

Depuis longtemps déjà M. Berneux avait perdu son père, et l'on eût dit que l'amour filial avait été doublé par cette perte, tant il aimait sa mère. Ce fut surtout au moment de la quitter pour toujours que cette affection se montra avec une effusion plus sensible. Il lui avait caché son projet ; mais en faisant à cette bonne mère ses derniers adieux, il la couvrait tellement de ses baisers, il la pressait si fortement sur son cœur que la pauvre veuve, ayant appris plus tard la résolution de son fils, disait : « Je ne savais pas pourquoi il m'embrassait avec tant de tendresse ; il semblait ne pouvoir s'arracher de mes bras : maintenant, je le comprends, cher enfant ! » Puis les larmes inondaient la pauvre mère ; elle montrait le chapelet que lui avait laissé son fils : « Je ne puis, disait-elle, me consoler qu'avec la très-sainte Vierge. » Et chaque jour elle allait, en effet, au pied de l'autel de Marie.

Cependant cette mère chrétienne obtint la grâce de faire généreusement son sacrifice, ce qui lui valut, de la part du Dieu qui multiplie les grâces à mesure que nous y coopérons, une augmentation de ferveur durant le reste de sa vie.

Au séminaire des Missions étrangères, M. Berneux fut ce qu'il avait été au séminaire du Mans, aimé de ses condisciples, chéri de ses directeurs qui ne tardèrent pas à reconnaître en lui des marques de prédestination. Tout entier à la réalisation du projet qu'il a conçu, il n'oublie pourtant point ceux qu'il a quittés. Comme il pense à la douleur de sa mère ! quel ménagement et quelle délicatesse en lui dévoilant son dessein ! Et quand il apprend que cette mère chrétienne est plus courageuse dans son affliction : « Béni

soit, dit-il, béni soit à jamais le Seigneur des
miséricordes, le Père de toute consolation, qui
ne veut pas me soumettre plus longtemps à une
aussi rude épreuve. Votre douleur, ma chère
mère, faisait toute ma peine et remplissait mon
âme d'amertume : maintenant je serai toujours
en paix. »

Enfin, au mois de novembre 1839, plein de
joie, le jeune missionnaire apprenait à ses amis
et à sa famille son prochain départ. « Dieu soit
béni ! écrivait-il à M. Nouard, je dois partir avec
deux autres jeunes prêtres, vers le milieu du mois
de janvier... Si la persécution, qui a fait et fait
probablement encore de si funestes ravages, se
ralentit dans la Cochinchine et le Tong-King,
on nous y enverra pour réparer les maux qu'a
faits dans cette partie de la vigne du Seigneur le
féroce sanglier. Si l'entrée nous en est fermée,
nous irons ou dans la Tartarie, ou dans la Chine,
ou dans la Corée. Oh ! qu'elle est belle la portion
que m'a réservée le Seigneur ! Il est donc possible
que bientôt je foule cette terre où coule encore
le sang des martyrs, cette terre où tout doit prêcher la sainteté. N'est-ce pas là encore une de ces
grâces que le Seigneur m'a tant de fois accordées
pour triompher de ma malice ? Puissé-je en profiter pour la gloire de Dieu et le salut des âmes ! »

Avant de quitter le séminaire des Missions,

il ne put se rendre aux désirs ardents de sa mère et de sa sœur unique, en allant leur faire ses derniers adieux. Son départ précipité en fut le principal empêchement.

Ce fut, en effet, un soir, vers neuf heures, que se fit la cérémonie toujours si touchante du baisement des pieds, dans la chapelle du séminaire. Les trois missionnaires se tenaient debout devant l'autel, la croix et l'Évangile à la main. Le vénérable supérieur prit la parole au milieu d'un silence solennel, adressa à ces nouveaux apôtres de touchantes paroles d'adieu. Puis il se prosterna devant eux et leur baisa les pieds à tous, répétant à chaque fois ces paroles du saint livre : *Qu'ils sont beaux les pieds de ceux qui vont prêcher la paix, annoncer le salut!* Puis, se relevant, il les embrassa. Après le supérieur vinrent les directeurs, qui leur baisèrent aussi les pieds et les embrassèrent en leur disant un adieu dont le souvenir ne s'oublie jamais. Tous les assistants firent de même. L'émotion était générale, des larmes coulaient de tous les yeux, à la vue de ces jeunes missionnaires partant pour une autre patrie et comme pour un autre monde.

CHAPITRE II.

Le 15 janvier 1840, M. l'abbé Berneux quittait donc le séminaire des Missions étrangères pour se rendre au Havre, où l'attendait un vaisseau faisant voile pour l'extrême Orient. Sa première pensée en apprenant sa destination, nous l'avons dit, avait été pour sa chère ville de Château-du-Loir, pour ses amis, sa famille, et surtout pour sa bonne et tendre mère.

Revoir une fois encore cette chère et bien-aimée mère, la couvrir de ses caresses, lui dire qu'après Dieu elle aura toujours la première place dans son cœur, eût été pour cette âme douce et aimante une grande consolation. Mais, se rappelant les paroles de Notre-Seigneur à ce jeune homme de l'Évangile qui était venu le consulter sur sa vocation, il avait eu peur, lui aussi, de perdre le trésor de grâces qu'il possédait, et i préféra offrir à Dieu ce sacrifice. Pourtant, qu'il aimait sa famille !

Avec quelle simplicité et quel ménagement délicat il raconte à sa mère que, malgré le désir qu'il a de la voir, il n'a pu réaliser son filial projet. « Je vous en prie, lui dit-il, ma chère mère, ne « vous faites pas trop de peine, je vous envoie « mon portrait pour adoucir un peu votre dou- « leur... J'ai pensé, continue-t-il, qu'il vous se- « rait agréable d'avoir sous les yeux l'image de « votre fils, qui vous aime bien tendrement et « qui s'estimerait heureux de donner sa vie « même, s'il le fallait, pour procurer votre « bonheur ; qui sacrifierait volontiers une car- « rière pour laquelle il se sent tant d'attrait si « sa conscience et la volonté du bon Dieu, de qui « il a reçu tant de grâces, pouvaient le lui per- « mettre. Il faudra mettre ce portrait dans votre « chambre, un peu élevé ; vous le regarderez « souvent et puis vous penserez à moi, et vous « prierez le bon Dieu pour moi. Vous deman- « derez à la très-sainte Vierge, notre bonne mère « à tous, qu'elle attire sur vous les bénédictions « de l'aimable Sauveur, afin de nous faire aimer « de plus en plus sa sainte volonté. On est si « heureux quand on ne veut que ce que veut « le bon Dieu. Jamais mon âme n'a été plus en « paix ; je serais tout à fait heureux si je pouvais

« avoir la certitude que vous, très-chère mère,
« que ma bonne sœur et son mari, vous vous ré-
« signiez à ce sacrifice. J'en ai la confiance ; j'ai
« demandé cette grâce à Marie, consolatrice des
« affligés. N'est-il pas vrai, ma chère mère, que
« le salut est la seule chose qui mérite nos soins?
« N'est-il pas vrai que nous sommes dans la
« voie la plus certaine qui conduit à cet heureux
« terme, moi en volant au secours des âmes qui
« périssent, et vous en faisant au Seigneur ce
« sacrifice ? »

Dans cette lettre se révèle toute l'âme de
M. Berneux. Ce style simple et naïf, il le con-
servera toute sa vie. Missionnaire au Tong-King,
en Mandchourie, revêtu de la plénitude du sacerdoce, vicaire apostolique en Corée, toujours
il aura la même candeur, la même simplicité, la
même tendresse pour sa bonne mère, pour sa
sœur ; désolé de ne pouvoir être au milieu d'elles,
mais heureux pourtant puisque cette séparation
est agréable à Dieu. Toutes ses lettres, après
quelques détails sur les missions qu'il aura parcourues et les progrès de la religion, tendront
à leur inspirer l'amour du bon Dieu, l'abnégation
pour les choses terrestres. Sa sœur, sa chère
Dorothée, aura aussi, comme sa mère, toujours
une large place dans son cœur ; chaque jour il
pensera à elle, à son beau-frère, et priera Dieu

pour qu'après les avoir séparés ici-bas, il veuille bien les réunir dans l'autre vie, où il n'y aura plus de séparation, plus de chagrins, plus de soucis.

Mais n'anticipons pas : revenons à notre sujet. Parti le 15 janvier pour le Havre, M. Berneux resta dans cette ville près d'un mois, retenu par les vents contraires. Ce temps, comme il l'écrivait à M. Nouard, fut employé à se sanctifier davantage.

Le jour tant désiré était arrivé : un vent favorable étant venu, notre cher missionnaire s'embarqua, joyeux et content, en compagnie de quatre autres apôtres. « Je suis dans une grande « paix, écrivait-il, je n'ai plus de doute sur ma « vocation, puisque ceux que Dieu a établis pour « la juger m'ont dit que j'étais appelé à l'Apos-« tolat.... Aussi, ajoutait-il, rien ne m'effraye « plus. »

Cependant une pensée le jetait dans la tristesse ; il le dit lui-même : « Nous serons aussi « bien que possible pour ce qui concerne le « corps, plût à Dieu qu'il en fût de même pour « l'âme ! Jusqu'ici j'ai été dans l'abondance, « voilà le temps de la famine ; jusqu'ici le pain « des forts ne m'a pas manqué, désormais ce ne « sera que très-rarement qu'il me sera possible « de prendre cette nourriture céleste. J'ai bien

« à craindre que, n'étant plus arrosée du sang de
« Jésus-Christ, mon âme ne devienne aride et
« stérile comme ces terres que la rosée ne rafraî-
« chit pas... Mais, ajoutait-il, je mets toute ma
« confiance en Dieu, et je lui dis : *Tuus sum ego,*
« *salvum me fac : Je vous appartiens : c'est à*
« *vous de me sauver.* »

Rien de bien particulier dans le voyage de
M. Berneux. Comme dans tous les longs voyages
maritimes, les journées furent un peu monoto-
nes ; par ci, par là, un incident. Dans les lettres
que nous avons parcourues avec intérêt, nous
voyons que la plus grande occupation de notre
saint compatriote était la prière. En de pieu-
ses et longues méditations il retrempait son âme
et développait en lui la grâce qui plus tard devait
lui faire opérer des prodiges. Souvent aussi il
tournait ses pensées vers la France, songeait à
sa mère, à ses amis, aimant à se rappeler ses
souvenirs d'enfance. « Je vous fais asseoir souvent
à bord de la *Rose,* écrivait-il à M. Nouard ; cela
me fait alors recommencer avec vous ces déli-
cieux entretiens d'Allonnes et de Couptrain. »

C'est ainsi qu'après avoir essuyé un fort
orage aux Açores, doublé le cap des Tempêtes, traversé l'océan Indien, il arriva à l'île
de Java le 31 mai. Là, son cœur de prêtre fut
brisé : il espérait pouvoir offrir le saint sacri-

fice, mais, cruelle déception ! pas une église, pas une croix sur cette terre infidèle ! C'était le commencement de la vie qu'il devait mener. Son âme de missionnaire en fut profondément attristée. « Oh ! s'écrie-t-il, comme je regrettais de « ne pouvoir me faire entendre de ces pauvres « mahométans, leur parler de notre bon Sau- « veur, de notre sainte religion ! Qui sait, pen- « sait-il, si cette semence, jetée au hasard, n'au- « rait pas produit quelques fruits ? »

Cette vive émotion devait être bientôt suivie d'une autre, très-douce pour le cœur du missionnaire. Le 19 du même mois, il aperçut dans le lointain la terre de Cochinchine : « Je ne puis « vous dire, raconte-t-il, les sentiments qui ont « remué mon âme à la vue de cette terre où « coule tant de sang précieux devant le Sei- « gneur : peut-être que là où mes yeux s'ar- « rêtaient était caché un frère au fond des « antres ; peut-être qu'un autre confessait sa foi « dans les tourments. »

Une grande consolation lui était réservée : « car, s'écriait-il, si Dieu quelquefois nous « éprouve, il sait aussi dans sa miséricorde nous « combler de bienfaits.

La rencontre, à Manille (26 juin), de Mgr Retord, vicaire apostolique du Tong-King, fut pour notre jeune missionnaire une immense joie. Converser avec un confesseur de la foi; l'entretenir du pauvre Tong-King si désolé par la persécution, de tous ces martyrs qui versaient chaque jour leur sang : c'en était assez pour augmenter, si cela eût été nécessaire, dans ce cœur dévoré du zèle de Dieu, l'amour des âmes. Peut-être déjà entrevoyait-il, dans le lointain, la palme du martyre.

Aussi avec quelle joie apprit-il de la Procure qu'il était destiné à la mission spéciale du Tong-King! Quel bonheur! il allait désormais suivre ce saint évêque, partager ses travaux, ses fatigues et toutes ses misères; qui sait? peut-être son martyre.

Malgré ce long voyage, quelques jours de repos à Manille suffirent à l'ardent missionnaire, tant il brûlait du désir de voler à la conquête des âmes.

Enfin, après trois semaines, il arriva à Macao; Macao, comme il l'appelait, sa terre de promission! Aussi « avec quelle joie, disait-il, je l'ai sa-
« luée, cette première ville du Céleste-Empire,
« cette terre que je ne quitterai plus que pour
« aller directement dans ma mission. J'ai com-
« pris qu'il est des circonstances où, au milieu
« du bonheur, on puisse s'écrier : c'est assez!
« Le plaisir alors devient souffrance, parce que
« l'âme n'a pas assez de capacité pour recevoir

« ces torrents de joies qui l'inondent. Oh! qu'une
« heure de ce bonheur fait vite oublier les en-
« nuis, les fatigues passées! »

Ce n'était pas tout cependant : la bonne Providence lui ménageait encore dans cette cité
une heureuse rencontre, celle d'un compatriote,
d'un ami, qui déjà depuis quelque temps tra-
vaillait, lui aussi, à la vigne du Père de famille : M. l'abbé Taillandier. Ces deux âmes
dévouées mettent à profit les courts instants
dont elles peuvent disposer pour s'édifier, s'encourager. Les deux missionnaires ne savaient
pas alors que, quelques années plus tard, ils se
rendraient service mutuellement en annonçant
l'un pour l'autre à leur famille leur captivité.

La plus grande consolation pour M. Berneux
fut donc d'apprendre qu'il était définitivement
désigné pour le Tong-King : « Que je suis con -
« tent, disait-il, de conserver ma destination; je
« craignais de perdre mon cher Tong-King. »

Ce ne fut cependant que le 26 décembre qu'il
partit de Macao pour cette terre où l'attendaient
les fatigues et la persécution. Mais à ce moment
il ne savait pas encore s'il pourrait y entrer, car
le roi, craignant une excursion des Anglais, avait
garni la côte de douze vaisseaux de guerre. Mal-
heur à tout Européen et surtout au missionnaire
qui eût osé pénétrer dans ce pays! Peu lui im-

porte ; la Providence l'y envoie, c'est assez.
« Dieu est si bon, dit-il quelque part, surtout
« pour nous qui sommes ses enfants gâtés ; il
« saura bien nous y faire entrer. Qu'avons-nous à
« nous occuper, sinon à faire sa sainte volonté ? »

Notre cher missionnaire eut le double bonheur
d'être formé à la vie apostolique par le saint
évêque dont nous avons parlé, et, dès le début,
d'être appelé à confesser la foi.

Jeté après bien des tribulations sur les côtes
du Tong-King, en compagnie de Mgr Retord,
il commence aussitôt à apprendre la langue pour
se rendre utile aux âmes. Sa vie sera dure, la
persécution le poursuivra : peu importe, les
âmes ! les âmes ! voilà son cri. Pourvu qu'il en
sauve quelques-unes, il sera heureux, il aura
glorifié Dieu, et dans son humilité il se regar-
dera encore comme un serviteur inutile.

Avant l'arrivée de notre missionnaire, la persécution avait commencé ; elle durait encore, et
même elle était devenue plus cruelle et plus
barbare. A peine donc a-t-il eu le temps de vi-
siter quelques pauvres chrétiens, d'entendre
quelques confessions, que Dieu semble vouloir
déjà le retirer à sa mission et lui donner sa récompense. Mais, âme privilégiée, le Seigneur
voulait encore faire croître ses mérites en lui
envoyant des épreuves plus grandes.

Pour Dieu il avait abandonné sa mère, sa famille; pour Dieu encore il confesse maintenant la foi, en attendant qu'après d'autres combats il obtienne la couronne du martyre.

Il va raconter lui-même son arrestation et sa captivité. « Je venais de distribuer le pain des « forts à mon petit troupeau, précieuses victimes « que j'ornais pour le sacrifice, vaillants athlè- « tes que j'armais pour un difficile combat, et je « l'espère aussi pour la victoire. Je n'avais pas « encore déposé les habits sacerdotaux, que je « vis la maison des religieuses où j'étais, entou- « rée d'une douzaine de soldats : la retraite était « impossible, je fus réduit à m'installer sur quel- « ques bambous suspendus à la muraille; et, là « assis dans une corbeille d'oignons, j'attendis « les satellites du mandarin dans une sécurité « parfaite, adorant Notre-Seigneur que je venais « de recevoir pour la dernière fois. Bientôt une « douzaine de satellites envahirent ma demeure; « longtemps je les entendis avec leurs piques et « leurs fusils se promener au-dessous de moi, « furetant, questionnant la seule religieuse qui « fût restée dans la maison.

« Enfin, arrivèrent des soldats plus clair- « voyants. Après bien des recherches ils parvin- « rent à me tirer de cet asile où d'ailleurs j'é- « tais peu à l'aise. Ils me saisirent avec le tres-

« saillement d'une joie inespérée ; et, poussant
« des cris de victoire, me conduisirent devant
« le mandarin. Je sentis une grande joie lors-
« que je me vis traîné par ces satellites comme
« le fut autrefois Notre-Seigneur au jardin des
« Oliviers. Alors arriva mon ami M. Galy. —
« Voilà un beau jour, me dit-il en m'em-
« brassant. —Oui, lui répondis-je, c'est bien le
« jour que le Seigneur a fait. Réjouissons-
« nous ! »

A partir de ce moment, M. Berneux fut donc
enchaîné comme un misérable, obligé de subir,
avec les interrogatoires les plus minutieux, des
coups et des insultes de tout genre. Il demeura
enfermé pendant dix-huit mois dans une cage où
à peine il pouvait se tourner. Mais Dieu soute-
nait son serviteur, lui donnant la force de tout sup-
porter avec patience. Il lui envoyait quelquefois,
comme jadis au prophète Elie, de pauvres
chrétiens bien dévoués pour alléger un peu ses
souffrances. C'est ainsi que, grâce à ces coura-
geux fidèles, il put écrire de sa prison une
lettre à sa bonne mère pour l'encourager à
souffrir comme lui, afin d'obtenir miséricorde du divin Maître. « Je suis content, ma
« bonne mère, plus content que jamais. Oh !
« qu'il est doux de souffrir pour le bon Dieu ! »
Ainsi le zélé missionnaire, après s'être dévoué

pour le salut des autres, a également à cœur
celui de sa famille. « Aimez-le donc bien, le
« bon Dieu, dit-il plus loin, aimez-le bien, ma
« chère sœur ; et vous aussi, mon cher Frédéric,
« soyez bon chrétien, je vous en conjure par
« la chaîne que je porte, par mes souffrances
« que j'offre à Dieu pour vous. Vivez de telle
« sorte que nous soyons réunis dans le ciel
« pendant l'éternité. C'est là notre rendez-vous. »

C'était au village de Phuc-Nhac, dans la province du Xu-Nghé, que notre missionnaire avait
été arrêté : c'est là qu'il subit ses premiers interrogatoires. Là, il s'était fait des amis de ses
geôliers. Mais son martyre n'était encore qu'à
son commencement, il lui fallut traverser le
Tong-King, en prisonnier et avec l'instrument
de son supplice, la terrible cangue, jusqu'à la
ville royale de Hué, où devaient recommencer
les interrogatoires.

Conduit en cage d'abord à la ville Nam-Diuh,
donné en spectacle à la curiosité publique, il
évangélisait, à l'exemple de saint Paul dans les
fers, la foule qui se pressait sur son passage.
Après avoir subi, en cette ville, quatre nouveaux
interrogatoires, il fut enfin dirigé sur Hué, où
l'attendaient le rotin, la condamnation à mort, et
cet effroyable sursis qui, pendant vingt-trois
mois de cachot et de chaînes, éloigna la

perspective du martyre, objet de tous ses vœux.

Notre cher missionnaire s'attendait bien, en effet, à recevoir là sa récompense. Mais Dieu, qui veillait sur lui, ne l'avait pas jugé encore mûr; il voulait lui donner le temps d'ajouter de nouveaux fleurons à sa couronne.

Depuis quelque temps déjà, les captifs étaient moins maltraités, et l'heure de la délivrance allait sonner. La corvette française *l'Héroïne* était arrivée à Touranne. Avec cette loyauté et cette humanité qui distinguent partout le soldat français, le capitaine Lévêque, son commandant, ayant appris que des missionnaires, ses compatriotes, gisaient dans les prisons et les cachots de Hué, vint les réclamer avec la plus louable énergie. Sa persévérance triompha de toute la ruse des mandarins, « et le 16 mai 1843, après bien des difficultés, écrit notre saint missionnaire, nous lui avons été rendus; mais, hélas! c'était pour ne plus revenir dans ce cher Tong-King, et nous le quittions, nous abandonnions nos bien-aimés chrétiens qui nous avaient témoigné tant de sympathie et d'attachement! »

Une barque, il est vrai, devait venir chercher les confesseurs pour les transporter dans leurs missions; « mais, continue le vénérable captif, M. Lévêque ayant promis au roi de Cochinchine que nous ne rentrerions pas dans son royaume, ne voulut pas y consentir ; et malgré mes instances et mes promesses de ne pas retourner dans le pays, il ne voulut en aucune manière accéder à me laisser à Macao ; il fallut reprendre le chemin de France. »

Arrivé à l'île Bourbon, il eut le bonheur d'obtenir du Gouvernement ce que d'abord M. Lévêque, par prudence, lui avait refusé. Il se rembarqua et revint à Macao, sans pouvoir toutefois rentrer dans les terres de Minh-Meng.

« Cher Père, disait-il au procureur des Missions, en faisant allusion au martyre, j'ai manqué une heureuse chance ; de grâce envoyez-moi dans une mission où je puisse la retrouver. »

Après un séjour de quelques mois seulement, M. Berneux fut désigné pour la Mandchourie, mission donnée récemment à Mgr Vérolles.

CHAPITRE III.

Sa mission en Mandchourie. — Son élévation
à l'épiscopat.

Parti sur un vaisseau anglais au mois de
décembre, malgré les tempêtes et une mer mau-
vaise, M. Berneux débarquait trois mois après,
le 16 mars, sur les côtes de Mandchourie, dans la
mission du Lao-Tong. « La Mandchourie et la Co-
« rée se touchent, lui avait dit le procureur ; qui
« sait si vous ne pourriez pas franchir un jour la
« frontière, pour aller chercher en Corée ce que
« vous avez perdu au Tong-King ? » — « Au
moins, se disait-il, je pourrais faire quelque
chose pour le bon Dieu, puisqu'il ne m'a pas
jugé digne de mourir pour lui. Puissé-je arroser
de mes sueurs cette terre infidèle ! »

A peine arrivé, notre missionnaire infatigable se mit aussitôt à apprendre la langue
du pays, et en quelque temps il put entendre les confessions et prêcher. Oh ! avec quelle
ardeur alors il se dépense du nord au midi, de

l'orient à l'occident! Rien ne l'arrête, ni le froid, ni les montagnes, ni les tracasseries et les mauvais traitements des barbares Mandchoux. Rien ne peut refroidir son zèle pour les pauvres infidèles. Grâce à ses soins, aux quelques ressources de la *Propagation de la Foi*, il pourra acheter ces pauvres enfants qui, jetés sur la voirie, deviendraient la proie des animaux immondes. La plupart mourront aussitôt, mais du moins ils auront reçu le saint baptême, et du haut du ciel qu'il leur aura ouvert, ils protégeront leurs petits frères dont il se chargeait lui-même.

Qu'il est vraiment beau, le dévouement du pieux et zélé missionnaire, travaillant ainsi avec une infatigable ardeur à peupler le ciel de nouveaux élus! Toutefois ces soins ne lui font point oublier sa propre famille. De cet extrême Orient, malgré toutes les difficultés de transport, il fera parvenir à sa mère quelques douces et filiales paroles de consolation, à son protecteur et ami, M. Nouard, quelques mots de reconnaissance et d'affection. Il n'aime pas comme les hommes matériels de nos jours, il aime pour le ciel, tout est en vue du ciel. Pour sa mère il verserait la dernière goutte de son sang; mais son salut serait-il en danger, la gloire de Dieu dût-elle en souffrir, il sacrifiera tout. C'est ce qui l'empêcha de revenir en France en 1849.

En effet, la persécution était allumée aussi en Mandchourie. Chassé de ce pays avec Mgr Vérolles, il fut forcé d'aller se réfugier à bord d'un vaisseau faisant voile pour Chang-Haï.

Cependant, un mois était à peine écoulé ; espérant que les choses étaient apaisées, il revint de nouveau dans sa mission. Il y retrouva son évêque qui lui fit part du projet qu'il avait d'aller en Europe. « Sa Grandeur, dit M. Berneux, désirait que
« je l'accompagnasse ; c'était aussi le vœu de mes
« confrères de Mandchourie. J'avais consenti à re-
« gret à prendre ce parti qui pouvait servir à notre
« mission ; mais, arrivé à Kiang-Nan, Monseigneur
« fut le premier à me détourner de continuer un
« voyage au terme duquel l'état de ma santé lui
« faisait craindre que je ne pusse arriver. »

« Oh ! continuait-il, écrivant à M. Nouard,
« vous auriez été bien étonné, n'est-ce pas, de
« voir arriver à Couptrain votre fils mandchoux.
« Il eût été bien heureux, lui, de passer quelques
« jours auprès de vous ; mais, hélas ! ces conso-
« lations, il fallait les acheter trop cher : il fallait
« abandonner pour un an au moins nos chers
« néophytes au moment où la persécution les
« éprouvait. Vivons maintenant de privations et
« de sacrifices. »

Dieu tint compte à son serviteur fidèle de ce grand sacrifice, en le comblant de consolation. Ce sont des conversions, des enfants à baptiser, doux dédommagement pour le missionnaire! Une autre fois il lui enverra un ami avec lequel il pourra s'entretenir de la mission, parler de la France, des affaires de l'Église, du pouvoir temporel de la papauté, etc.

Nous sommes arrivés à l'année 1854. M. Berneux avait passé déjà quatorze ans dans les missions, trois au Tong-King et onze en Mandchourie. Un bruit venu d'Europe rapporte qu'il est question de l'élever à l'épiscopat. Aussitôt notre saint missionnaire s'en émeut : « Je suis « bien humilié et contrarié, écrit-il, qu'on ait « répandu dans le diocèse du Mans la fausse « nouvelle de ma consécration, et je m'étonne « que vous, qui me connaissez, ayez pu y ajouter « foi. Non, mon cher ami, je n'ai pas reçu la « consécration épiscopale, on n'a pas pu penser « à me charger d'un pareil fardeau : l'eût-on « fait, mon devoir eût été de le décliner. »

Ce bruit cependant était fondé, et, dans le post-scriptum de sa lettre du 24 juin de la même année, il s'exprimait ainsi : « De nouvelles in-« stances ont été faites par Monseigneur notre « Vicaire apostolique et nos confrères, pour me « faire accepter la coadjutorerie de Mandchou-« rie; tous prétendent que Dieu le veut. »

Dieu le veut, il sera sa force et son soutien : le saint missionnaire accepte, et, le 27 décembre,

fête de saint Jean, il reçoit la plénitude du sacerdoce. « Me voilà évêque de Trémita et coad« juteur! disait-il à cette occasion. Quel besoin
« j'ai de grâces spéciales pour remplir digne« ment les devoirs de cette charge! si encore je
« devais rester en Mandchourie ! mais non,
« trois jours après ma consécration, je reçois
« des bulles de Rome qui me nomment évêque
« de Capse et vicaire apostolique de la Corée. »
En effet, la lettre du souverain Pontife était
arrivée le 24 décembre.

Quelle impression cet ordre inattendu produisit-il sur l'âme de celui qui voyait luire de
nouveau l'espérance du martyre? Il est intéressant de relire aujourd'hui ce que Mgr Berneux
écrivait quelques années après, en rappelant
cette époque de sa vie : « Une santé affaiblie et
mon âge assez avancé me faisaient craindre de
ne pouvoir apprendre une nouvelle langue,
ni me faire aux usages d'un nouveau peuple.
Et puis, il faut bien vous le dire aussi, onze ans
passés en Mandchourie m'avaient singulièrement
attaché aux chrétiens de ce pays. Mais la Corée, cette terre des martyrs par excellence; la
Corée, dont le nom seul fait vibrer toutes les fibres
du cœur d'un missionnaire, comment refuser d'y
entrer, lorsque la porte vous en est ouverte? »

N'est-ce pas là le langage des martyrs de la primitive Église? Ces paroles étaient prophétiques.

CHAPITRE IV.

Sa mission en Corée.

La Corée! quel nom suave et doux pour notre saint confesseur de la foi! Après quatorze ans d'apostolat, ce nom fit tressaillir l'âme de Mgr Berneux. Qui dit Corée dit martyre, et là au moins il espère que Dieu achèvera ce qu'il avait commencé au Tong-King.

A l'extrémité méridionale de la vaste province de Mandchourie, au nord-est de la Chine, s'étend la grande péninsule de la Corée, entre la mer Jaune, la mer du Japon et celle de Corée. Couverte de hautes montagnes, cette contrée a un climat froid; cependant le sol y est fertile et bien cultivé, les côtes du sud-ouest et du sud sont environnées d'un grand nombre de petites îles, la plupart inhabitables, connues sous le nom d'archipel Coréen. Là règne un souverain, comme les rois d'Annam, vassal de l'empereur de Chine.

Le premier néophyte de la Corée fut un martyr, son premier apôtre chinois le fut aussi : son premier prêtre indigène, son premier évêque, ses premiers missionnaires européens furent tous martyrs. En 1788, le premier missionnaire qui y pénétra fut un prêtre chinois, le martyre l'y attendait ; longtemps après, sur l'invitation d'un évêque, plusieurs missionnaires, eux aussi, reçurent leur couronne du martyre. En 1837, Mgr Imbert, vicaire apostolique de Corée, évêque de Canope, dans une lettre adressée en Europe, faisait aussi un sombre tableau de la religion dans ce pays. Deux ans après, en 1839, avec deux cent quarante chrétiens il tombait victime de sa charité et de son zèle.

Malgré toutes ces vexations, le nombre des chrétiens augmentait, sans doute ils étaient soutenus par la miséricorde divine. Mgr Ferréol, en 1847, décrivait dans une lettre la générosité des martyrs de la Corée, et retraçait toutes les pensées et les misères dont pasteurs et troupeau étaient accablés.

Telle était la Corée à cette époque, telle elle était encore dix ans plus tard, en 1856, lorsque notre saint évêque y arriva. C'était le 15 mars, veille du dimanche des Rameaux, que Mgr Berneux débarqua sur les côtes de la Corée, et le 27 il entrait furtivement à Hang-Yang.

« A la faveur de l'habit de deuil, qui couvre des pieds à la tête sans laisser voir le visage, écrivait le prélat, j'entre en plein jour dans la capitale du royaume, dans cette ville d'où sont sorties tant de sentences de mort contre les missionnaires et les chrétiens, et où tant de fois les persécuteurs ont été vaincus par la constance des martyrs. » — « Les Européens, écrivait un autre missionnaire, ont fait ici de Chang-Haï le terme de leurs expéditions dans l'est, mais le missionnaire catholique qui a entendu les paroles du divin Maître : *Allez, enseignez toutes les nations*, ne peut s'en tenir aux limites où les traités, les vaisseaux, les canons lui garantissent la sécurité : son devoir l'appelle au milieu des dangers. »

Mgr Berneux l'avait comprise aussi, lui, cette parole : et, en le voyant fouler cette terre de Corée, arrosée du sang de tant de martyrs, ses amis s'en réjouissaient, comptant bien que la couronne vers laquelle il soupirait ardemment, ne pouvait lui échapper. Il est à peine arrivé, en effet, et déjà de la grotte où il est caché, il se met avec ardeur à l'étude de la langue coréenne, s'informe auprès de ses missionnaires de la situation de sa mission, demande leurs avis sur les moyens à prendre pour arriver à faire le plus de bien possible. On attend beaucoup de lui, et sa présence donne du courage. C'est que chacun savait, en effet, que Dieu ne pouvait pas laisser stériles tous les sacrifices du con-

fesseur de la foi. A sa vue beaucoup de païens
déjà instruits se convertissent, un grand nombre
d'aveugles et de sourds spirituels sont guéris.

Pourtant, le temps des luttes n'était pas encore passé. Le Seigneur se plaît à affliger ceux
qui l'aiment afin de leur donner une place plus
glorieuse dans son paradis. « Si je vous avais
« écrit l'an dernier, disait-il à M. Nouard, en
« 1860, ma lettre eût été radieuse de joie et d'es-
« pérance. Les bénédictions que le Seigneur ré-
« pandait sur cette mission et la tranquillité dont
« le gouvernement nous laissait jouir, faisaient
« fleurir ce vicariat. La visite régulière du mis-
« sionnaire, les livres répandus parmi les chré-
« tiens augmentaient l'instruction et la ferveur
« des nouvelles chrétientés surgissant de tous
« côtés, et nous comptions plus de deux mille
« catéchumènes. Aujourd'hui notre état est bien
« changé, le missionnaire ne sort pas de sa re-
« traite, les livres ont été brûlés, nos néophytes
« dispersés, emprisonnés ; il nous est impossible
« de sortir de nos retraites pour recueillir les
« brebis égarées, relever celles qui sont tombées,
« encourager celles qui chancellent, distribuer
« des consolations à toutes. Que faire ? Rien, sinon
« adorer le dessein de Dieu, souffrir et prier. » —
« Dieu, ajoutait-il, dont les desseins sont impéné-
trables, nous a envoyé le choléra ; mais, comme

il aime ceux qui lui sont fidèles, une trentaine de chrétiens seulement ont été victimes, lorsque près de quatre mille païens allaient, hélas! paraître devant lui. »

Pendant assez longtemps on fut sans nouvelle de ce saint missionnaire qui, comme ses lettres l'indiquent, ne restait pourtant pas inactif. Peu à peu le gouvernement devint moins acharné à la poursuite des missionnaires; « mais malgré cela, écrivait-il, nous nous tenons soigneusement cachés et ne sortons que lorsque c'est nécessaire et toujours déguisés; mais pour mes pauvres chrétiens, on les pille, on les massacre, parce qu'ils craignent et aiment Dieu. Cependant nous avons chaque année la consolation de voir six ou sept cents païens se convertir. »

Collége fondé, établissements divers pour élever les pauvres enfants, Mgr Berneux s'occupe de tout, et il arrive, vu les difficultés, à de consolants résultats. Sa vie n'est qu'une suite de souffrances et de travaux apostoliques : visite à ses chrétiens, confessions, baptêmes, confirmations, voilà ses fonctions de chaque jour, et cela dans un pays où le gouvernement a proscrit la religion chrétienne, où se dire chrétien , c'est s'exposer à la mort, et tout cela il le fait joyeux et content. « Je « n'ai jamais été plus pauvre, écrivait-il à sa « sœur, mais aussi jamais plus content. Je tra-

« vaille jour et nuit ainsi que mes missionnaires.
« Le bon Dieu bénit nos efforts, et j'ai la
« consolation de voir mes chrétiens bien fervents
« malgré la persécution.

« Au printemps de l'année 1864, continue-t-il,
« le gouvernement, qui connaît ma présence dans
« le royaume malgré le soin que je prends de me
« cacher, eut la pensée de me mettre à mort;
« mais le bon Dieu ne m'a pas jugé digne du mar-
« tyre et a eu pitié de mon petit troupeau. La per-
« sécution n'a pas éclaté ouvertement, et nous
« voilà encore debout. Je me recommande à tes
« bonnes prières et à celles de tous les gens de
« Château-du-Loir ; dis à toutes les personnes que
« tu rencontreras que ton frère, qui a quitté la
« France, il y a vingt-cinq ans, prie continuelle-
« ment pour sa ville natale. »

Cette lettre, datée de 1865, fut la dernière qu'il
écrivit à sa famille. Dieu ne voulait pas qu'une vie
aussi bien remplie se prolongeât plus longtemps,
Mgr Berneux était mûr pour le ciel ; et le missionnaire qui, tout jeune encore, avait con-
fessé sa foi au milieu des plus horribles tourments, au Tong-King, allait pourtant recevoir
la couronne tant désirée, celle du martyre.

CHAPITRE V.

A son arrivée dans la capitale de la Corée, Mgr Berneux était accompagné de deux jeunes missionnaires qui, eux aussi, dans la même ville, presque à la même heure, devaient partager le sort de leur évêque. Mais celui qui avait initié ses frères à la vie apostolique et formé tant de chrétiens à la lutte, devait marcher le premier pour introduire dans le ciel cette légion de martyrs.

Pendant quelque temps, les missionnaires avaient paru tranquilles, mais la paix ne dura pas. Voici comment la persécution éclata ; elle fut terrible.

Des navires russes, qui s'étaient approchés des côtes septentrionales de la Corée, avaient sollicité une concession de terrain pour y établir un comptoir de commerce. Grande avait été la terreur du gouvernement. Le prince régent, père du jeune roi, fit aussitôt demander les évêques, qu'il savait fort bien être dans le royaume. afin de les consulter sur les moyens à prendre pour renvoyer honnêtement ces navires, et éviter la guerre. Mgr Berneux se trouvait dans les provinces du Nord, où, en quelques mois seulement, il avait conféré le baptême à huit cents adultes. Appelé au nom du roi, il se rend, quoique à regret, à la capitale, laissant son administration inachevée.

Les ministres apprennent qu'en Chine on met à mort les Européens répandus dans l'empire, ils désapprouvent hautement la démarche du régent. Ce dernier, cédant avec lâcheté, signe aussitôt l'arrêt de mort des missionnaires.

Mgr Berneux rentrait donc paisiblement dans sa résidence vers la fin de janvier 1866. Quinze jours après, il avait été livré comme son divin Maître, par un traître. Sa maison fut investie par des satellites au nom même du régent. Il fut lui-même arrêté et jeté dans la prison des criminels. Le lendemain, il comparut devant ce même régent, assisté de deux ministres. La contenance du prélat fut calme, ferme, pleine de dignité.

Sans doute le vénérable prisonnier dut protester contre la trahison dont il était l'objet. Appelé au nom du roi pour le bien du royaume, il est jeté en prison : appelé comme ami, il est traité en ennemi.

Les navires russes s'étaient éloignés, le régent n'avait plus peur ; il devint cruel.

De nombreux interrogatoires se succédèrent; le prélat conserva toujours sa fermeté et sa constance, et il fut impossible à ses juges de lui rien arracher qui pût causer quelque préjudice aux chrétiens. « Si vous me reconduisez de force en « mon pays, répondait-il, il faudra bien que j'y « aille, sinon je n'y retournerai jamais. Faites « suivant votre bon plaisir ; je suis tout disposé « à donner ma vie en témoignage de la vérité de « la foi que j'ai prêchée. »

Les interrogatoires n'avaient été que le commencement et comme le signal des tortures réservées au saint évêque. En effet, il eut à subir successivement le supplice de la *planche* et celui du bâton. Sous les coups redoublés des bourreaux, les os des jambes furent comme broyés. Les coups de bâton achevèrent de lui broyer les autres membres : tout son corps ne fut bientôt qu'une plaie. En sorte que, comme le rapporte M. Féron, avant le supplice suprême qui enleva la vie à Mgr Berneux, il avait enduré des tortures plus épouvantables que tous ses autres compagnons, et les os des jambes étaient tellement dénudés, qu'il ne restait presque plus de chair pour les recouvrir. Et pourtant le saint martyr trouvait encore assez de forces pour encourager trois jeunes missionnaires, ses compagnons de captivité et de tortures, à souffrir pour Notre-Seigneur.

Enfin la sentence de mort fut prononcée ; elle portait : « Parce que *N*. refuse d'obéir en ne vou-
« lant ni apostasier ni donner les renseignements
« qu'on demande de lui, et qu'il ne veut pas re-
« tourner dans son pays, il aura la tête tranchée
« après avoir subi divers tourments. »

Le 8 mars, retiré de la prison, où il avait été jeté de nouveau, on le conduisit au lieu des exé-cutions capitales. Comme autrefois le divin Maî-tre, le serviteur fidèle rencontra sur la voie dou-loureuse une multitude insultante : — « Ne vous
« livrez pas au rire, leur disait la douce victime ;
« vous avez bien plus lieu de pleurer. Nous étions
« venus pour vous enseigner la voie qui conduit
« au ciel, et désormais nous ne le pourrons plus. »

On était arrivé à une lieue de la ville, dans une plaine sablonneuse, sur les bords de la mer. Assis sur une chaise grossière à laquelle ils étaient attachés par les jambes et les bras, la tête fixée par les cheveux, les athlètes de la foi avaient été apportés ainsi sur les épaules de leurs bourreaux. On les dégagea alors de leurs liens et on les dépouilla de leurs vêtements.

Mgr Berneux, le vicaire apostolique, le glo-rieux chef de cette sainte compagnie de martyrs,

eut l'honneur d'entrer le premier dans l'arène
sanglante. On lui lia fortement les bras derrière
le dos ; un bourreau lui saisit les extrémités des
oreilles pour les traverser d'une flèche qui y
demeura fixée. Puis deux autres bourreaux le
soulevant au moyen de deux morceaux de bois
passés sous les bras, lui firent faire huit fois le
tour de la plage.

On s'arrêta enfin, et au signal donné, huit bourreaux armés de longs coutelas à larges lames
exécutèrent une danse sauvage autour de la victime, agenouillée et la tête inclinée en avant. Ils
poussaient des cris barbares et dirigeaient leurs
coups selon leur gré. Au troisième, la tête du saint
évêque roula sur le sol. Un cri épouvantable,
poussé par les soldats et les bourreaux, annonça la
fin du sacrifice et le moment du suprême triomphe.

La tête, après avoir été présentée au mandarin,
fut suspendue au-dessus du corps, et la sentence,
fixée à un poteau, indiqua le nom du supplicié et
la cause de sa condamnation.

Mgr Berneux touchait à la fin de la *cinquante-
deuxième* année de son âge, et il en avait passé
vingt-six dans les pénibles travaux de l'apostolat.

Un ami de notre compatriote, qui fit avec lui
la traversée de Bourbon en Chine et eut le bonheur de vivre pendant quelque temps dans son

intimité, affirmait qu'il n'avait jamais connu d'esprit plus élevé, de cœur plus généreux et plus noble, d'âme plus ardemment passionnée pour la gloire de Dieu et le salut de ses frères.

Comme le grand apôtre, Mgr Berneux n'avait-il pas bien le droit, à sa dernière heure, de se rendre ce témoignage : « J'ai bien combattu, j'ai achevé ma course, j'ai gardé la foi. Il ne me reste plus qu'à attendre la couronne de justice qui m'est réservée, et que me donnera le Seigneur comme un juste juge ? »

CHAPITRE VI.

Ses Compagnons de martyre.

Mgr Berneux, Vicaire apostolique de la Corée, eut, nous l'avons dit, trois compagnons de son martyre. Ce furent MM. Beaulieu, de Bretennières, et Dorie. Mgr Daveluy, son coadjuteur, martyrisé quelques jours après, le vendredi-saint, 30 mars, fut accompagné au supplice par MM Aumaitre et Huin. M. Pourthié, pro-vicaire, eut également un compagnon, M. Petitnicolas.

Ainsi, ceux que le Seigneur avait investis de l'administration de la mission coréenne ont été chargés également de conduire leurs frères au combat, leur donnant l'exemple du courage et de la persévérance. Par une admirable coïncidence, la hiérarchie des dignités sur la terre a reçu, à l'heure de la lutte suprême, comme une suprême consécration.

Nous voulons dire un mot sur chacun de ces glorieux martyrs : nous l'empruntons, pour la plus grande partie, aux *Annales de la Propagation de la Foi*.

I.

Mgr Marie-Nicolas-Antoine DAVELUY, évêque d'Acônes, coadjuteur de Mgr Berneux, naquit à Amiens, le 16 mars 1818.

Ordonné prêtre en 1841, il fut d'abord vicaire de la paroisse Saint-Pierre, puis aumônier du couvent des Ursulines de la petite ville de Roye, diocèse d'Amiens. Le 4 octobre 1843, il entrait au séminaire des Missions étrangères, et, au mois d'août de l'année suivante, il était à Macao. Vers le même temps arriva en cette ville Mgr Ferréol, vicaire apostolique de la Corée. « Ma destination, écrivait plus tard M. Daveluy, fut alors changée, et je suivis le prélat pour être jusqu'à sa mort l'inséparable compagnon de ses voyages et de ses travaux. »

Après une périlleuse navigation, sur une barque conduite par un jeune diacre coréen, M. Daveluy pénétra en Corée, avec Mgr Ferréol, le 12 octobre 1845. « Je me séparai aussitôt de M. Daveluy, écrivait le vicaire apostolique ; je l'envoyai dans une petite chrétienté étudier la langue. Il est plein de zèle, très-pieux, doué de toutes les qualités d'un missionnaire

apostolique. Je désire, pour le bonheur des Coréens, que Dieu lui conserve longtemps la vie. »

Douze ans plus tard, Mgr Berneux, successeur
de Mgr Ferréol, choisissait M. Daveluy pour
coadjuteur, et lui conférait l'onction épiscopale;
c'était au mois de mars 1857. Cette cérémonie,
sans précédent en Corée, eut lieu à huis-clos, à
la faveur des ténèbres.

Malgré la faiblesse d'une santé souvent ébranlée, malgré les fatigues d'un apostolat placé sous
le coup incessant de la persécution, Mgr Daveluy trouvait encore du temps pour s'occuper
de travaux littéraires ou scientifiques utiles à la
mission. Dans une de ses lettres, la dernière
que les *Annales* ont publiée, nous trouvons le
passage suivant : « Pour moi, je n'ai pas à me
plaindre de vives souffrances ; la bonté divine
me les épargne. Cassé et usé avant l'âge, je n'ai
pas de maladie, mais je suis incapable de sup-
porter de grandes fatigues, et de me livrer à des
travaux qui exigent de la contention d'esprit. Je
ne puis néaumoins m'occuper continuellement
de choses ordinaires ; aussi, grâce à Dieu, je n'ai
pas perdu mon temps. Après un long séjour fait
à la capitale pour les affaires de la mission, je
donnai mes derniers soins à la publication de
deux ouvrages importants pour l'instruction de
nos chrétiens. Entouré de livres, de traducteurs

et de copistes, compulsant des manuscrits précieux et consultant la tradition orale, j'ai recueilli
des documents du plus haut intérêt, et, ces ri-
chesses inespérées m'ayant rendu l'activité de la
jeunesse, j'ai pu mener de front doctrine, histoire
et chronologie. Si je n'ai ajouté que cent cin-
quante pages aux annales de nos martyrs, j'ai ré-
digé la biographie de chaque confesseur, et mis
soixante-quinze ans du calendrier coréen en
rapport, jour par jour, avec notre calendrier
ecclésiastique. »

« Avec tous ces travaux, continue-t-il, qui sont
comme les vacances de notre apostolat, je n'ai pu,
depuis deux ans, jeter un seul coup d'œil sur le
Dictionnaire que je devais compléter ; heureuse-
ment M. Pourthié y consacre ses soins. Ce cher
confrère est un travailleur appelé, je crois, à
nous rendre de grands services ; déjà il embrasse
bien des recherches utiles. »

Depuis plusieurs années donc, il préparait une
histoire des martyrs de la Corée. L'historien des
martyrs est devenu martyr à son tour ; il a ajouté
par sa mort une page aux annales sanglantes
de l'Église coréenne, et il est allé prendre place
au ciel parmi les héros qu'il a célébrés.

C'est le vendredi saint, avons-nous dit, que
Mgr Daveluy a eu la tête tranchée. Une particu-
larité douloureuse vint encore, en prolongeant

son agonie, augmenter sa ressemblance avec le
Sauveur. Après avoir déchargé un premier coup
qui fit à la victime une blessure mortelle, le
bourreau s'arrêta. C'était un calcul d'avarice; le
prix de son œuvre n'avait pas été fixé. Il fallut
réunir les employés de la préfecture pour dis-
cuter avec lui; ce fut long, et le patient gisait
renversé dans son sang. Enfin le marché fut
conclu, et deux nouveaux coups de sabres mi-
rent le martyr en possession de la gloire.

II.

M. Charles-Antoine Pourthié, provicaire apostolique, était né le 20 décembre 1830, dans un
hameau du canton de Valence en Albigeois, diocèse d'Alby. Il était prêtre depuis quelques jours
seulement, lorsqu'il fut admis au séminaire des
Missions étrangères, le 30 juin 1854. Parti pour
la Corée le 27 juin 1855, il entra dans cette mission le 27 mars de l'année suivante, avec Mgr Berneux et M. Petitnicolas. Les dix années qu'il
y a passées ont dû lui acquérir bien des mérites.
Le ministère actif de l'apostolat avait pour lui
de grands attraits; il n'hésita pas, sur le simple
désir de son évêque, à sacrifier ses goûts pour

diriger le séminaire de la mission. Il s'appliqua à établir sur de solides fondements la création d'un clergé indigène.

Depuis près de deux ans, sa santé était profondément altérée; il souffrait de la poitrine au point de cracher le sang. La mission était menacée de le perdre prochainement peut-être, quand même Dieu n'aurait pas avancé l'heure de sa récompense en l'appelant au martyre.

M. Pourthié aimait les sciences naturelles et leur donnait volontiers ses instants de récréation. Il avait recueilli sur la botanique, la géologie, la zoologie, des notes qui auraient rendu de vrais services à la science. Tous ces travaux sont probablement à jamais perdus. Mais la perte la plus regrettable, c'est celle des études qu'il avait entreprises sur la langue coréenne, langue inextricable, et dont il s'appliquait depuis longtemps à formuler les règles.

« Le 1ᵉʳ mars, écrivait M. Calais, sur les dix heures du matin, neuf satellites entrèrent au collège Saint-Joseph ; ils saisirent M. Pourthié dans sa chambre, lui lièrent les mains, et se rendirent auprès de M. Petitnicolas qui les attendait, la porte ouverte. Ils lui lièrent également les mains, et, dans la soirée, emmenèrent les deux prisonniers à la capitale.

« Le 11 mars, ces deux confrères eurent la tête

tranchée à une lieue de Hang-Yang, Comme leur divin Maître, ils moururent hors des murs de la ville ; comme lui aussi, en allant à la mort, ils reçurent les injures de la foule ; comme lui encore, ils furent dépouillés de leurs vêtements, ensanglantés par les blessures des coups de bâton qu'ils avaient reçus sur le devant des jambes ; enfin ils furent conduits au supplice, les bras liés et étendus en croix, comme pour rappeler le genre de mort par lequel Notre-Seigneur a racheté le monde. Ils étaient placés au milieu d'un grand cercle de soldats qui exécutaient une ronde infernale et brandissaient leurs sabres, quand on leur trancha la tête. »

III.

M. Michel-Alexandre Petitnicolas était né à Coinches, diocèse de Saint-Dié, le 21 août 1828. La délicatesse de sa santé l'obligea à quitter une première fois le séminaire des Missions étrangères. Mais, fidèle à sa vocation, il y rentra le 17 juin 1853, et, après un très-court noviciat, il partit le 20 août de la même année pour la mission de Pondichéry. Au bout de deux ans, rappelé à Hong-Kong, à cause du mauvais état de sa santé, il fut, quelques mois plus tard, dirigé

sur la Corée, et il arriva à Hang-Yang avec
Mgr Berneux et M. Pourthié, le 27 mars 1856.
Ainsi, MM. Pourthié et Petitnicolas, entrés le
même jour dans la mission, occupés à la même
œuvre dans la direction du séminaire, sont aussi
partis le même jour et par la même voie pour se
rendre à la céleste patrie.

Les infirmités que M. Petitnicolas avait con-
tractées dans ses premiers travaux apostoliques
l'ont cruellement tourmenté le reste de sa vie.
Mais l'énergie de la volonté suppléait chez lui
aux forces corporelles. La langue coréenne, si
difficile pour tout le monde, ne parut pas l'être
pour lui. Ce qui le distinguait surtout, c'était la
sagacité de son administration et le tact incom-
parable avec lequel il saisissait et débrouillait
toutes les difficultés. Son zèle était infatigable :
les courses pénibles, les montagnes couvertes de
neiges à franchir, les chrétiens à catéchiser et à
confesser, c'était là son élément.

Quoique l'activité fût sa vie, M. Petitnicolas
abandonna gaiement le ministère, dès que
Mgr Berneux lui eut manifesté son désir de le voir
se consacrer au séminaire avec M. Pourthié. Il y
était depuis cinq ans, travaillant à un Dictionnaire complet et raisonné de la langue coréenne.
Cet ouvrage était fort avancé, et sa perte sera
bien difficile à réparer.

IV.

M. Pierre AUMAITRE, né à Aizecq, diocèse d'Angoulême, le 8 avril 1837, entra au séminaire des Missions étrangères le 18 août 1859, et y passa trois ans pour achever ses études théologiques. A peine eut-il reçu le caractère sacerdotal, qu'il partit pour la Corée, le 18 août 1862. Au mois de février suivant, le pilote de la barque chinoise destinée à le conduire de Tche-Fou à Melinto l'ayant, par défaut d'habileté ou par calcul, débarqué en Mandchourie, M. Aumaitre ne put pénétrer en Corée qu'au mois de juin 1863.

Ce jeune missionnaire n'a donc travaillé que deux ans et huit mois. « C'était, écrit M. Féron, un aimable confrère, plein de piété, de douceur et de gaieté. » La persécution trouva M. Aumaitre occupé à l'administration de ses chrétiens. Ne pouvant se dérober à des recherches de plus en plus actives, il se rapprocha de Mgr Daveluy, pour s'en séparer bientôt et se jeter dans une barque avec l'espoir d'échapper aux persécuteurs. Mais un vent contraire le ramena au rivage. Résigné à la volonté de Dieu, et sans rien perdre de son calme, il se mit en marche pour rejoindre Mgr Daveluy et prendre ses conseils.

Ce fut alors qu'il tomba entre les mains des satellites, et consomma son sacrifice, à côté du saint
évêque, en recevant deux coups de sabre.

V.

M. Bernard-Louis Beaulieu, le plus jeune de
ces glorieux confesseurs de la foi, n'avait pas
vingt-six ans : il était né le 8 octobre 1840, à
Langon, diocèse de Bordeaux. Lorsqu'il entra
au séminaire des Missions étrangères, le 28 août
1863, il était déjà diacre ; il fut ordonné prêtre
le 21 juin de l'année suivante.

VI.

M. Simon-Marie-Antoine-Just Ranfer de Bretenières, né le 28 février 1838, à Châlon-sur-
Saône, où ses parents faisaient momentanément
leur résidence, était originaire du diocèse de
Dijon. Après avoir fait son cours de philosophie
et reçu la tonsure au séminaire d'Issy, près de
Paris, il entra aux Missions étrangères le 25 juillet 1861. Il fut ordonné prêtre le 21 mai 1864.

VII.

M. Pierre-Henri DORIE, né le 22 septembre
1839, à Saint-Hilaire-de-Talmont, diocèse de
Luçon, entra, simple minoré, au séminaire des
Missions étrangères, le 13 août 1862. Il fut ordonné prêtre le même jour que M. de Bretenières.

VIII.

M. Martin-Luc HUIN naquit à Guyonville,
diocèse de Langres, le 20 octobre 1836. Il était
prêtre et vicaire à Voisey depuis plus de deux
ans, lorsqu'il entra au séminaire des Missions
étrangères, le 20 août 1863.

Ces quatre jeunes apôtres quittèrent la France
le 19 juillet 1864. Arrivés à Shang-Haï, ils furent
dirigés sur la Mandchourie, pour y passer l'hiver
auprès de Mgr Vérolles, adonnés à la prière et
appliqués à l'étude de la langue chinoise. Après
avoir couru de grands périls, ils arrivèrent à leur
destination au mois de juin 1865.

Leur séjour en Corée n'a donc été que de quel-

ques mois. Ils parlaient suffisamment la langue
du pays pour commencer à exercer le saint ministère. Le jour même de son arrestation, M. de
Bretenières avait conféré le baptême à vingt-sept
catéchumènes.

Des neuf prêtres, occupés avec les deux évêques
à évangéliser la Corée, sept ont donc reçu la
palme du martyre. Il n'en reste plus que deux,
encore sont-ils traqués par les agents de la persécution.

La Corée s'acharne ainsi à tuer ses apôtres, dirons-nous avec les auteurs des *Études religieuses*; la voilà sans évêques, presque sans prêtres; c'est une mission ruinée... Et Dieu choisit
cette heure pour dire à son Vicaire de consoler
cette Église en lui montrant au ciel les prémisses
des martyrs que la Corée a donnés à Jésus-
Christ. C'est qu'en effet, parmi les martyrs japo-
nais béatifiés le 7 juillet dernier, on compte trois
Coréens : les frères Caïe et Vincent, de la Compagnie de Jésus, et un séculier nommé Antoine.

Puissent ces trois Bienheureux coréens obtenir
de Dieu, pour leur patrie, arrosée à son tour du
sang de tant de martyrs, avec d'abondantes
grâces de conversion, la liberté d'entendre la
parole évangélique !

LETTRE PASTORALE

DE MONSEIGNEUR L'ÉVÊQUE DU MANS

INDIQUANT

UNE SOLENNITÉ D'ACTIONS DE GRACES

A L'OCCASION

DU MARTYRE DE Mgr BERNEUX

––––––

CHARLES JEAN FILLION, PAR LA GRACE DE DIEU ET DU SAINT-SIÉGE APOSTOLIQUE, ÉVÊQUE DU MANS,

Au Clergé et aux Fidèles de Notre Diocése, salut et bénédiction en Notre Seigneur Jésus-Christ.

L'Esprit-Saint nous invite, nos très-chers Frères, à louer les hommes qui *se sont couverts de gloire* au service de Dieu et de leurs frères, *qui ont appris aux peuples les oracles de la vraie sagesse, qui ont été forts dans le combat et ont triomphé de la puissance ennemie.* Fidèle à ces recommandations, l'Église, dès ses premiers jours, recueille avec une égale tendresse le sang de ses martyrs et le souvenir de leurs vertus et de leur courage. Elle dépose leurs ossements vénérés sous l'autel où Jésus-Christ s'immole; elle ordonne de lire dans l'assemblée des fidèles les actes de leur martyre afin de faire passer dans l'âme des chrétiens leur foi et leur intrépidité. Les cités et les provinces sont fières d'avoir donné le jour à ces héros de l'Évangile et se glorifient de les avoir pour protecteurs auprès de Dieu.

Si la palme du martyre est devenue plus rare, si elle est plus difficile à cueillir, à mesure que le règne de Jésus-Christ s'étend sur le monde en serait-elle moins glorieuse? Ceux qui l'obtiennent auraient-ils moins droit à nos hommages, parce qu'ils ont dû, pour la conquérir, briser les liens de la famille et de la patrie et se séparer de tout ce qu'ils aimaient? Non, aujourd'hui, comme au temps de saint Jerôme, il est vrai de dire que « le triomphe des Martyrs est la force et la gloire des peuples qui les ont produits (1). »

Cette gloire, N. T. C. F., Dieu a daigné l'ajouter à toutes les gloires anciennes de notre Eglise du Mans, dans la personne d'un Evêque qui lui appartient par sa naissance, par son éducation, par les prémices de son Sacerdoce et qui ne lui appartient pas moins par l'affection filiale et la reconnaissance qu'il a toujours manifestées pour

____

(1) S. Hier., Comm. in Isai., L. XVIII, c. 62.

elle. Nous avons tardé beaucoup à vous annoncer la glorieuse mort de Mgr Siméon-François
Berneux, évêque de Capse et vicaire apostolique
de Corée. Nous nous croirions sans excuse, si
nous n'avions attendu les détails authentiques
de ce martyre, qui ne le cède en rien à celui des
premiers chrétiens. Nous voulions vous faire entendre cette noble et intrépide confession de foi
qui rappelle à plus d'un titre celle des Ignace et
des Irénée. Nous voulions vous faire admirer la
constance de ce vaillant athlète de Jésus-Christ
parmi ses longues et douloureuses tortures,
avant de vous inviter à remercier Dieu de la force
qu'il lui a donnée et des vertus qu'il a fait écla-
ter en lui, au milieu des supplices.

La Providence prépare, de longue main, les
instruments qu'elle destine à ses œuvres. Si nous
avions à vous retracer ici la vie du serviteur de
Dieu, nous devrions remonter jusqu'à ses plus
jeune années, pour vous le montrer prévenu,
comme Samuel, des bénédictions divines, se dis-
tinguant, par sa candeur autant que par une
précoce intelligence, des enfants de son âge et
préludant déjà, au milieu d'eux, aux fonctions
de l'Apostolat. Il nous serait doux de recueillir
les souvenirs d'une longue et précieuse intimité
et de le représenter tel qu'il nous a été donné de
le connaître : au petit Séminaire de Précigné,

comme le modèle des écoliers vertueux par sa piété, sa régularité, son application au travail ; à Saint-Vincent, comme l'ornement de la tribu lévitique, tenant un rang aussi élevé dans l'estime de ses maîtres que dans l'affection de ses condisciples, dont aucun n'a pu être étonné en apprenant les grandes choses qu'il a réalisées. Nous ne craindrions pas d'en appeler au témoignage de cette noble et religieuse famille, au sein de laquelle il a fait paraître, dans la fleur de la jeunesse, la sagesse et la discrétion de l'âge mûr, et où les semences d'éducation chrétiennes qu'il a jetées ont produit des fruits si suaves et si durables. Nous devrions enfin l'accompagner au Séminaire des Missions étrangères, dans « cette maison d'où sortent les hommes par qui « les derniers restes de la gentilité entendent la « bonne nouvelle (1) » et où se forment, depuis deux siècles, des générations d'Apôtres et de Martyrs.

Mais nous voulons oublier l'homme pour ne vous entretenir que du confesseur de la foi, négliger les œuvres pour vous raconter la mort qui les a couronnées d'une si brillante auréole. N'est-ce pas cette fin précieuse devant le Seigneur qui a ouvert au saint missionnaire les portes du

(1) Fénelon.

ciel et qui lui méritera, nous l'espérons, d'être honoré dans l'Eglise d'un culte public et solennel? Le Martyre, d'ailleurs, n'atteste-t-il pas tout un ensemble de grandes et nobles vertus? La foi en est la cause; il est la preuve la plus éclatante de la charité : *Majorem charitatem nemo habet*, et pour l'accomplir, la force doit s'élever jusqu'à l'héroïsme. « L'âme du martyr, dit saint « Antonin, est semblable à un glaive que la Cha- « rité rend étincelant, qu'aiguise la Vérité et que fait vibrer la force de Dieu même (1). » N'est-ce pas un de ces dons suréminents que Dieu n'accorde, d'ordinaire, qu'à de grands sacrifices ou de longs travaux? N'est-ce pas, suivant la remarque de saint Augustin, « ce qui achève les « choses les plus parfaites, ce qui ajoute à la « virginité et au sacerdoce lui-même sa dernière « perfection (2)? »

Du moment où Mgr Berneux se sentit appelé à l'Apostolat, cette suprême perfection fut l'objet de son ambition, comme le but de tous ses efforts. Aucun sacrifice ne lui coûta pour l'atteindre. Le premier, le plus cruel, le plus persistant peut-être fut d'abandonner une mère tendrement aimée. Il la laissait veuve, avan-

---

(1) S. Anton., p. IV, t. III, c. 3, § 2.
(2) S. Aug., De Mirab. S. Script., L. II, c. 3.

céc en âge, ayant compté sur lui pour adoucir les années de sa vieillesse. Qui pourrait dire les luttes qu'il eut à soutenir au dedans de lui-même, les déchirements qu'il lui fallut subir? Les ménagements qu'il prend pour annoncer sa résolution, les délicates attentions par lesquelles il s'efforce, du fond de l'Orient, de faire accepter la séparation, montrent combien il en avait savouré lui-même toute l'amertume.

De toutes les missions orientales, la plus éprouvée était alors celle du Tong-King ; la persécution y sévissait avec plus de cruauté et n'y connaissait presque point de relâche. C'était à ce poste périlleux qu'il aspirait ; c'était aussi celui que la Providence lui avait destiné. Après une longue et difficile traversée, il y aborde au mois de janvier 1841, au moment même ou Minh-Menh, le Néron des chrétientés annamites, venait d'expirer ; mais les édits du tyran ne devaient pas disparaître avec lui, et l'héritier de son trône héritait aussi de sa haine contre les chrétiens. Dès le début de sa carrière, notre jeune missionnaire crut toucher au terme de ses désirs. Le matin du saint jour de Pâques, il venait d'offrir le divin sacrifice et de distribuer la sainte Eucharistie au petit troupeau de fidèles qui l'entouraient, « précieuses victimes qu'il ornait pour le sacrifice, vaillants athlètes qu'il armait pour un difficile combat, » lorsque tout à coup, il est découvert, saisi par les satellites et conduit au mandarin. « Je sentis, écrivit-il, une grande joie « quand je me vis traîné, comme le fut autrefois « notre adorable Sauveur du jardin des Olives « à Jérusalem. » On l'enferme dans une cage étroite, où ses membres n'ont pas la liberté de s'étendre, et on le transporte ainsi jusqu'à la capitale de la Cochinchine, où il est jeté en prison, parmi les malfaiteurs. Que fait-il, N. T. C. F., dans ce repaire de tous les vices, où il devra passer près de deux années? Il prie, il souffre la faim, la soif, les injures les plus grossières; il est dans dans les fers, mais la parole de Dieu n'est pas enchaînée sur ses lèvres : il encourage les fidèles emprisonnés avec lui pour la foi, il prêche l'Evangile aux païens, il instruit les néophytes qui, sous divers prétextes, parviennent jusqu'à lui; parfois de généreuses chrétiennes, dignes émules des Pudentienne, des Praxèdes et des Lucine, bravant la surveillance des geôliers, viennent baiser ses fers et apporter quelques adoucissements à ses souffrances. Sachant que la captivité d'un missionnaire doit tourner à l'honneur de sa foi, Mgr Berneux avait demandé à Dieu de souffrir avec dignité. Dans les interrogatoires, il étonnait ses juges par la noblesse de ses réponses ; et quand, après une cruelle torture qui lui laissait le corps sillonné de traces sanglantes, il relevait la tête : « Voyez, disaient-ils, son visage n'est pas changé ; c'est comme si l'on frappait la terre. »

Longtemps différée, la sentence de mort avait enfin reçu la sanction royale ; le confesseur de la foi avait envoyé le baiser de paix à ses frères dans l'Apostolat ; du fond de son cachot, il avait crayonné un dernier adieu à sa vieille mère, en lui donnant rendez-vous au ciel, qui s'entr'ouvrait déjà pour lui ; son âme ne touchait plus à la terre et semblait atteindre la récompense de tant de souffrances endurées pour le nom de Jésus-Christ. Elles ne devaient être cependant pour lui que l'apprentissage de la mort et comme le noviciat du Martyre. Une corvette française venait de mouiller dans les eaux de Touranne : le brave commandant Lévêque, dont le nom mérite d'être conservé avec honneur dans les annales de nos missions, entreprit de délivrer ses concitoyens prisonniers ; toutes les ruses et les tergiversations du gouvernement annamite durent céder devant son énergie.

Nous ne pouvions, N. T. C. F., passer sous silence cette première confession et ces longues épreuves du saint missionnaire. Ne sont-elles pas le gage des bénédictions que Dieu va répandre sur son apostolat, et le sang qu'il a versé, uni à celui du Rédempteur des hommes, ne sera-t-il pas la rançon des âmes qu'il est appelé à sauver? Puis, quelle leçon pour notre mollesse à nous les *héritiers de la foi !* Quoi! pour la porter aux nations infidèles, les missionnaires acceptent de grand cœur de pareils sacrifices; pour la pratiquer leurs néophytes s'exposent à tous les tourments! Ne les verrons-nous pas un jour, se lever de l'Orient et de l'Occident pour protester contre nous et nous confondre? De tels exemples ne sont-ils pas plus éloquents que tous les discours pour nous faire comprendre le prix de ce don inestimable?

Mgr Berneux avait vu la palme du martyre lui échapper, il ne peut s'en consoler que par l'espérance de gagner des âmes à Jésus-Christ. Ses blessures ne sont pas encore cicatrisées, sa santé est ébranlée, mais n'importe! A force d'instances il obtient de n'être pas ramené en France, afin de retourner plus vite au combat.

Pendant onze ans ouvrier infatigable de l'Evangile, il parcourt les vastes contrées de la Mandchourie, en visite toutes les chrétientés, les soutient et les développe par son zèle et sa parole; puis, quand des signes non équivoques lui manifestent la volonté divine, il se courbe sous le fardeau de l'Episcopat et salue, avec

amour, la terre ensanglantée qui lui est échue
en partage : « La Corée, écrit-il, cette terre des
« Martyrs par excellence, la Corée dont le nom
« fait vibrer toutes les fibres du cœur du mis-
« sionnaire, comment refuser d'y entrer, lorsque
« les portes vous en sont ouvertes? Là, ajou-
« tait-il, bien des difficultés m'attendent, bien
« des souffrances peut-être. Je ne demande
« qu'une seule chose, la grâce de bien remplir
« les graves obligations qui me sont impo-
« sées. »

Bientôt, N. T. C. F., les Annales de la propagation de la foi nous apprendront avec quel zèle
et quel succès il a rempli ces grands devoirs
pendant dix ans. Un mémoire, plein d'intérêt,
nous révélera les vertus dont il n'a cessé de donner l'exemple, ses efforts pour former un clergé
indigène, sa tendre affection pour les prêtres
associés à son apostolat; nous y verrons surtout
combien il a aimé ce peuple dont il était devenu
le pasteur et le père et pour lequel il était prêt
chaque jour à donner sa vie.

Sous le coup d'une persécution toujours me-
naçante il avait échappé plusieurs fois à la mort,
mais quand son heure fut venue, trahi, comme
le Sauveur, par un disciple infidèle qui décou-
vrit aux satellites le secret de sa demeure,
il y fut pris le 23 février 1866, garrotté, conduit

devant le mandarin et jeté en prison. Dans les nombreux interrogatoires qu'il eut à subir devant les ministres et en présence du régent lui-même, quand on lui adressait des questions qui pouvaient compromettre les chrétiens ou les missionnaires, il gardait un silence absolu. « Si on « vous délivre, lui disait-on, retournerez-vous « dans votre pays? — Non, à moins qu'on ne m'y « conduise de force. — Apostasiez! — Non cer- « tes, étant venu pour sauver vos âmes, com- « ment voulez-vous que je me rende coupable « de ce crime? Faites suivant votre bon plaisir, « je suis disposé à donner ma vie en témoignage « de la vérité de la religion que j'ai prêchée. — « Si vous n'obéissez pas, vous serez roué de « coups. — Vous aurez beau me frapper jusqu'à « la mort, je ne le ferai jamais. » A ces questions succédait une torture épouvantable : on lui frappait les jambes avec des pièces de bois triangulaires qui déchiraient les chairs et broyaient les os. On le pressait de toutes parts avec de gros bâtons, en sorte que son corps n'était bientôt plus que fractures et contusions. Ces supplices renouvelés chaque fois qu'on le faisait comparaître devant ses juges, avaient épuisé ses forces ; sa voix était devenue si faible qu'il ne pouvait plus se faire entendre.

Enfin, le vingt-deuxième jour de la deuxième

lune, 8 mars 1866, le saint évêque fut tiré de sa prison pour être conduit au lieu du supplice. Derrière lui venaient trois jeunes missionnaires et deux Coréens destinés à partager ses tourments et sa gloire. Sur le parcours, une foule de curieux prodiguaient l'insulte aux confesseurs de la foi. « Ne vous moquez pas ainsi, et ne vous « livrez pas aux rires, leur dit Mgr Berneux, car « vous avez bien plus lieu de pleurer. Nous étions « venus pour vous enseigner la voie qui conduit « au ciel; et désormais nous ne le pourrons « plus. Oh! que vous êtes à plaindre! » Plusieurs fois, en jetant ses regards sur cette multitude qui l'environnait, on l'entendit répéter, avec un accent qui rappelait Notre Seigneur Jésus-Christ pleurant sur Jérusalem : « Hélas! mon Dieu, que ces pauvres infidèles sont à plaindre! »

A une lieue environ de la capitale, se trouve une vaste plage sablonneuse, destinée à l'exécution des criminels. C'est là, qu'au milieu d'un grand appareil et d'un déploiement de troupes considérable, on dépose les soldats de Jésus-Christ. Le chef de cette généreuse phalange entre le premier dans l'arène. Après l'avoir dépouillé de ses vêtements, on lui lie les bras derrière le dos, un exécuteur lui traverse l'extrémité des deux oreilles avec une flèche, qui y demeure fixée, et, dans cet état, on lui fait faire huit fois

le tour de l'enceinte comme pour le donner en
spectacle au peuple. Au signal donné, les bourreaux armés de longs coutelas exécutent une
danse sauvage autour de leur victime, agenouillée et la tête penchée en avant. Ils poussent des
cris barbares et frappent à leur gré. Au troisième
coup, la tête du saint évêque de Capse roule
sur le sol, et les soldats avec les bourreaux jet-
tent un grand cri signifiant : tout est consommé.

Tout était consommé, en effet, pour la vie ter-
restre et pour le laborieux apostolat de Mgr Berneux ; mais l'Eglise ne regarde-t-elle pas la
mort des Martyrs comme leur naissance à une
vie plus précieuse et plus féconde que la première ? Le sang versé pour Jésus-Christ n'a-t-il
pas été de tout temps une semence de nouveaux
chrétiens ? Evidemment, dans les conseils di-
vins, de tels holocaustes ne doivent pas profiter
seulement aux victimes. Les Martyrs deviennent
les patrons et les protecteurs des missions qui
les ont donnés au royaume des cieux : leur sang
parle haut devant Dieu et le souvenir de leur victoire fortifie le courage de ceux qui luttent encore
dans l'arène. Qui sait si cette nouvelle légion de
Martyrs ne préparera pas aux ouvriers qui viendront après eux une abondante moisson, et si on
ne pourra pas dire à leurs successeurs : d'autres

ont travaillé, vous êtes entrés dans le sillon qu'ils avaient creusé pour recueillir le fruit de leurs travaux ? Qui sait si Dieu n'a pas des pensées de miséricorde sur cette terre arrosée de la sueur des missionnaires et si souvent engraissée de leur sang ? N'est-il pas permis d'espérer que les établissements français dans l'extrême Orient deviendront comme les avant-postes de l'Evangile, qu'un contact plus facile, des relations plus fréquentes avec l'Occident ouvriront les yeux à ces peuples assis à l'ombre de la mort, et feront briller à leurs regards les divines clartés de la foi, avec celles de la civilisation ? Nous pouvons espérer ces heureux résultats ; nous devons les demander à Dieu, et y concourir par nos aumônes et nos prières en faveur des missions.

Ce que nous devons demander encore à Dieu, ce que nous pouvons attendre avec confiance de sa bonté, c'est que les victoires des Martyrs soient un gage de paix pour le Siége Apostolique et pour l'auguste Pontife qui a béni et encouragé leurs travaux ; c'est que leur sang rejaillisse, comme une rosée bienfaisante, sur la France qui ne cesse d'envoyer ses enfants prêcher l'Evangile sous toutes les latitudes, sur les diocèses et les séminaires qui les préparent à l'Apostolat. O chère et sainte Eglise du Mans ! depuis

que saint Julien a fait briller à tes regards la lu-
mière de la foi, non-seulement tu ne l'as pas
laissée s'obscurcir, mais la vive et noble flamme
du zèle évangélique ne s'est jamais éteinte dans
ton sein ! Aujourd'hui encore, lève tes yeux et
vois : tes enfans sont partout, dans la vaste éten-
due des Indes, en Chine, au Japon, dans toutes
les provinces de l'empire d'Annam ; tu les re-
trouves aux Etats-Unis et au Canada, tu les con-
temples plus nombreux encore presque sous les
glaces du pôle, rangés autour de l'un d'eux qui
porte avec autant de simplicité que de grandeur
d'âme la houlette pastorale ! La gloire de ton
Martyr sera l'étincelle qui allumera dans d'autres âmes le feu des grands dévouements et des
vocations généreuses ; mais Dieu ne se laisse
jamais vaincre en libéralité, et tu n'auras point
à regretter des sacrifices qu'il paye au centuple.

Mais c'est pour toi surtout, antique cité de
Château-du-Loir, pour toi qui as vu naître et
grandir au milieu de tes enfants celui à qui Dieu
a daigné accorder la plus enviable des couron-
nes, pour toi à qui était réservé l'honneur de
donner au diocèse du Mans son premier Martyr, que sa mort doit être précieuse ! Ah ! il me
semble voir celui qui, dans sa dernière lettre,
t'envoyait l'assurance qu'il n'avait jamais cessé
un seul jour de prier pour sa ville natale, il me

semble le voir, continuant dans le ciel cette
pieuse habitude, appeler les bénédictions divines sur le zèle et les efforts de tes prêtres, s'in-
téresser, devant Dieu, à tous les besoins spirituels et temporels de tes enfants. Puissent ses
exemples réveiller la foi dans les âmes, trop
nombreuses, hélas! où elle sommeille! Puisse
son intercession ramener à la pratique de la religion ceux qui s'en écartent et son sang être
pour toi la semence d'une génération vraiment
chrétienne!

C'était parmi vous, fidèles de Château-du-
Loir, c'était auprès du berceau et pour ainsi
dire, dans la famille de votre illustre concitoyen,
que nous devions rendre grâce à Dieu de tout ce
qu'il a fait pour lui. Il était juste de choisir, pour
cette solennité, l'église où il a été régénéré par
le baptême, où il a pour la première fois, parti-
cipé à la sainte victime, qu'il devait y offrir plus
tard, l'autel sur lequel, un jour peut-être, vos
enfants apporteront en triomphe quelques-uns
de ces ossements meurtris par la torture et pieu-
sement ensevelis, pendant l'obscurité de la nuit,
par les néophytes de la Corée; c'était là que
nous devions offrir à Dieu l'hymne de notre reconnaissance. C'était vous que nous devions
convier les premiers à cette fête, que nous avons
fixée au 8 octobre prochain.

Nous n'empiéterons point, N. T. C. F., sur une question justement réservée au Siége Apostolique. Nous ne rendrons point un culte public à notre Martyr ; nous nous contenterons d'étudier ses vertus, d'admirer son courage, et de demander à Dieu la grâce de marcher sur ses traces.

Notre digne Métropolitain nous a promis son concours et plusieurs de nos vénérés Collègues viendront honorer cette solennité de leur présence. Mais, si fiers que nous soyons de cette glorieuse couronne de Pontifes, entourant la mémoire vénérée de leur frère dans l'épiscopat, il est d'autres témoignages non moins touchants que nous envions pour lui : c'est le concours de nos chers et bien-aimés coopérateurs, de ceux surtout qui furent les amis ou les élèves du saint Évêque de Capse. Nous les invitons à venir autant que leur ministère le leur permettra, à cette solennelle manifestation de notre reconnaissance envers Dieu et de notre admiration pour l'héroïque confesseur de la foi qui nous a légué de si sublimes exemples.

Notre présente lettre pastorale sera lue dans toutes églises et chapelles du Diocèse, le dimanche qui en suivra la réception.

Donné au Mans, en notre palais épiscopal, sous notre seing, notre sceau et le contreseing du secrétaire de l'Evêché, le 14 septembre 1867, en la fête de l'Exaltation de la Sainte-Croix.

✝ CHARLES, *Évêque du Mans.*

Par Mandement de Monseigneur :

✝ PICHON, CHAN. HON., SECRÉT. DE L'ÉVÊCHÉ.

TABLE

Le Mans. — Typ. Ed. Monnoyer. — Oct. 1867.